Stéphane Ternoise

Traducción: María del Carmen Pulido Cortijo

Dos hermanas y un control fiscal

Jean-Luc Petit éditions   TEATRO

Dos hermanas y un control fiscal

Couloussac, iglesia de Santa Elia representada por Dagrant en 1904.

Del mismo autor* (Du même auteur)

Teatro
Traducción : María del Carmen Pulido Cortijo

Los secretos de maître Pierre, notario rural
Cantante, escritor: mismo circo

Teatro para compañías infantiles
Traducción : María del Carmen Pulido Cortijo

La niña de los 200 peluches
Las chicas se aprovechan
Revelaciones sobre la desaparición de Papa Noel
El león, el avestruz y el zorro
Mirlito prepara el verano
No iremos más al restaurante

Novelas
Le Roman de la Révolution Numérique
Le roman du show-biz et de la sagesse
Quand les familles sans toit sont entrées dans les maisons fermées
Liberté j'ignorais tant de Toi
Viré, viré, viré, même viré du Rmi !
Peut-être un roman autobiographique

Teatro
Neuf femmes et la star
Ça magouille aux assurances
Chanteur, écrivain : même cirque
Amour, sud et chansons
Pourquoi est-il venu
Aventures d'écrivains régionaux
Avant les élections présidentielles
Blaise Pascal serait webmaster

* selección de obras, consultar www.ternoise.net

Stéphane Ternoise

Traducción :
María del Carmen Pulido Cortijo

Dos hermanas y un control fiscal

Jean-Luc Petit éditeur / Collection Théâtre
Colección TEATRO

Stéphane Ternoise

http://www.dramaturge.fr

Tous droits de traduction, de reproduction, d'utilisation, d'interprétation et d'adaptation réservés pour tous pays, pour toutes planètes, pour tous univers.

Site officiel : http://www.ecrivain.pro

© **Jean-Luc PETIT - BP 17 - 46800 Montcuq – France**

Dos hermanas y un control fiscal

Dos hermanas y un control fiscal, comedia contemporánea en cuatro actos, con dos hombres y dos mujeres. En la que descubrimos a las dos hermanas, Aurélie, treintañera, artista pintora, beneficiaria de la Renta Básica, la compañera de Stéphane... al principio de esta obra y Nathalie, la hermana menor; 25 años, artista pintora, poeta, actriz, enamorada más o menos secretamente de Stéphane. Se trata de Stéphane... Ternoise.... ¡pues claro!.. entonces en la treintena y trabajador autónomo autor-editor pero perceptor de la Renta Básica. El control fiscal es realizado por Christian Michelin, en la cincuentena, inspector de Hacienda.

¿Más útil que un instituto?

Dos hermanas y un control fiscal

Comedia contemporánea en tres actos

Reparto: dos mujeres, dos hombres

Aurélie, treintañera, compañera de Stéphane, artista pintora, beneficiaria de la Renta Básica.

Nathalie, hermana pequeña de Aurélie, 25 años, artista pintora, poeta, actriz.

Stéphae Ternoise, treintañero, oficialmente trabajador autónomo, actividad: autor-editor. Cada año, se las arregla para obtener resultado insignificante y beneficiarse de la Renta Básica.

Christian Michelin, en la cincuentena, inspector de Hacienda.

Situada en la región de Cahors, esta pieza puede ser fácilmente adaptada a cualquier otra ciudad. Basta con cambiar algunos nombres.

Naturalemente, la utilización de Stéphane Ternoise como personaje es un juego del autor

Los personajes pueden tener unos diez años más modificando algunas réplicas sobre la edad (naturalmente, en el siglo XXI, algunos actores más maduros pueden representar estos papeles sin modificación de la obra).

Controles in situ
7 millones de euros en rectificaciones fiscales.

En el momento de la maquetación de la primera publicación, un pequeño texto bajo este título atrajo mi atención. En *LE REVENU* (La renta) – junio 2005 – número especial. ¡Seguramente un número enviado en un "mailing"!..

Cada año se efectúan más de 50.000 controles a los particulares y las empresas por inspectores cuya reputación es casi inquisitoria pues deshojan los detalles más pequeños. Estos controles in situ, llamados verificaciones profundas de situación fiscal del conjunto (Vpsf en el jerga del fisco), recuperan 7 millones de euros por año.

Consultar la páginas http://www.controlefiscal.net (versión francesa)

Acto 1

El salón de una casa de pueblo, antigua, de piedra, cerca de Cahors. Escasamente amueblada: un sofá, una mesa de café, una tele, un teléfono. Correctamente mantenida. En primer plano, a la izquierda, una puerta que da al exterior. Después una ventana. En primer plano, a la derecha, una puerta a la cocina (donde está la apertura que da al granero). En el fondo, una puerta dando a un pasillo, hacia las habitaciones y la bodega.

Stéphane, tirado en el sofá. Lee, para regularmente, se inclina, garabatea algunas palabras sobre una hoja colocada sobre la mesa de café.

Escena 1

Entra Aurélie. Un sobre en la mano. Mira a Stéphane sumergido en su libro. Él levanta la cabeza sonriendo. Ella le tiende el sobre.

Aurélie, *con cara de preocupación*: - Hacienda.

Stéphane, *cogiendo el sobre:* - ¡Hacienda! ¡No me irán a hacer pagar el IBI!

Aurélie: - O quizás te rembolsan los impuestos de la vivienda...

Stéphane: - Demasiado optimista. Sólo he llamado por teléfono, he pronunciado mi nombre tan rápido que ni siquiera un mecanógrafo extremadamente eficaz habría podido anotarlo. ¡Y menos un funcionario!

Aurélie: - Tal vez las conversaciones sean grabadas, enviadas por internet a la India, y allí, los estudiantes de español, por algunos céntimos/hora, las transcriben y las reenvían al servicio de control interno de la dirección de Hacienda donde un programa reacciona ante algunas palabras clave, al mismo tiempo que proporciona estadísticas al jefe de servicio, estadísticas primordiales para realizar el cuadrante de vacaciones, el juego de dardos, o la limpieza de la máquina de café...

Stéphane: - ¡Nos estás presentando una desviación de Gran Hermano te vigila!.. y de todas maneras es imperativo haber superado los 75 años, es la única solución, afirmación del venerable funcionario.

Aurélie: - Los funcionarios afirman, confirman y, a veces, invalidan. ¡La ley puede evolucionar! ¡Nuestras disputas legislan! ¡O nuestra venerable administración va a reconocer el primer error de su larga y virtuosa existencia!

Stéphane: - O una mala noticia.

Aurélie: - No seas pesimista. Nunca has pagado el IBI... e incluso si alguien te hubiera denunciado, dos trabajadores autónomos perceptores de la Renta Básica no tienen que pagar el IBI.

Stéphane: - ¿Quién habría tenido la desfachatez de denunciarte?

Aurélie: - ¡El notario, por supuesto! Puesto que no le has dado el dinero en B que reclamaba a cambio de su sonrisa.

Stéphane: - ¡El estafador! Crees que preguntan si tu vives aquí para comunicar la información a la Junta y dividir el coeficiente delta de nuestra adorable Renta Básica.

Aurélie: - ¡Es tu turno Gran Hermano te vigila! ¡Na! ¡Oficialmente vivo en casa de mi madre! Y esa querida e irremplazable señora, mi madre, incluso delante de veinticinco presidentes de autonomía en pantalón corto y corbata a juego, lo juraría sobre la cabeza... de mi padre. ¡No espera volver a verme en su casa!

Stéphane: - Demasiado tarde, imposible hacer el amor o terminar este capítulo si no abro esta maldita carta (*que todavía tiene en la mano izquierda, el libro en la derecha*).

Aurélie: - ¡Muy interesante tu reacción... para una antigua estudiante de psicología!... Por más que seamos honestos, una carta con el emblema "Agencia Tributaria", siempre da miedo...

Stéphane: - Cuando se ven los informativos, se ve claro, sólo somos chanchulleros aficionados...

Aurélie: - Estoy segura, nunca nadie osará cantar esa canción. Tienen todos demasiado miedo de un control fiscal... ¿Crees que es una broma de mi hermanita esa carta?

Stéphane: - ¿La crees capaz de ir tan lejos en la farsa del mal gusto?

Aurélie, *sonriendo:* - ¡Señor Ternoise, se le convoca a la Oficina de Hacienda de Cahors, tercera escalera, puerta K!

Stéphane sonríe, abre el sobre. Saca la carta. Comienza a leerla. Deja caer el libro. Ni una palabra. Se queda quieto. Blanco.

Aurélie, *le mira, después:* - ¿Puedo saber?

Stéphane sin reacción. Sus ojos sólo escrutan cada palabra.

Aurélie: - ¡Cuenta!

Aurélie se sienta cerca de Stéphane. Él da la vuelta a la carta.

Aurélie, *lee, se queda quieta, murmura:* - ¡Oh, río de mercurio!

Stéphane: - ¿Crees que me han denunciado porque en los Salones del Libro siempre pido que me paguen en efectivo?

Aurélie: - Nathalie no se atrevería a hacer una broma así. Antes sí. No, no es posible. Habría reconocido su estilo. O ha vuelto a caer.

Stéphane: - ¿Caer?

Aurélie: - Caer en uno de sus flipes demenciales... para ti quizás sea difícil de creer pero ¡se ha sosegado bastante con los años Nat!... ¡No te he dicho nada! Como cuando seguía a viejos en la calle anotando en una libreta sus actos y gestos y al día siguiente llamaba a sus puerta para pedirles que le explicasen tal o tal rodeo. Muy a menudo los viejos le respondían, ¡incluso le ofrecían café! Era su distracción gratuita, no era peor que un domingo Jacques Martin. O cuando llamaba por teléfono las Nathalie de la guía, para preguntarles como soportaban su nombre.

Stéphane: - La llamas.

Aurélie: - ¿Tu la crees levantada a las once?

Stéphane: - Inténtalo igualmente.

Aurélie: - Si me envía a freír espárragos, te la paso.

Aurélie se levanta, va al teléfono, lo descuelga y marca.
Cerca de un minuto. Después:

Aurélie, *a Stéphane :* - Estoy segura, ha descolgado.
Aurélie, *al teléfono*: - ¡Nat! Es tu Aurel.

Aurélie: - Sospecho...

Aurélie: - Qué no, no hemos encontrado tu esbozo... Ya te lo he jurado, estoy segura de no haberlo visto nunca... Hemos recibido tu carta... En el momento nos hemos asustado realmente... Stéphane, *sonriendo:* - ¡Ah! ¡Es ella!

Aurélie: - Vamos, Nat, ya puedes confesarlo.

Aurélie: - Bueno, nos lo creemos un minuto más y después nos explicas porqué nos has enviado eso.

Aurélie, *a Stéphane:* - ¡Juega sobre seguro, pero va a confesar! Responde como si no entendiese nada.
Aurélie, *al teléfono:* -Le decía a Stéph que hacías como si no entendieses nada.

Aurélie, *a Stéphane:* - ¡Lo jura sobre la cabeza de Max Ernest!
Aurélie: - ¡Pero yo no he fumado pipas de girasol! Stéphane acaba de recibir una carta de control fiscal...

Aurélie aleja el teléfono de su oreja.

Aurélie, *a Stéphane:* - Es su célebre grito "¡Y me despiertas para eso!".

Aurélie: - Tu que casi has terminado estudios superiores de derecho, deberías poder ayudarnos...

Aurélie: - Besos

Aurélie: - ¡Crees que tengo la cabeza para preguntarte que has pintado esta noche! Nos lo contarás ahora.
Aurélie, *colgando*: - Genial Nat va a pasar con todos

sus recuerdos. En marzo vendió un cuadro a un tipo de la oficina de Hacienda, va a buscar su nombre... Si es él, incluso está dispuesta a ofrecerle otro para que pase al siguiente expediente... No entiendo cómo has podido preferirme!.. Si fuese un tío, creo que no podría resistirme a Nat.
Stéphane: - Entonces, si te vuelves lesbiana... Esto me ha quitado las ganas de hacer el amor, esta sucia historia. Te das cuenta, ¡es la primera vez que a tu vuelta del cartero no hacemos el amor!
Aurélie: - Ufff, ¡Tú también te has dado cuenta! Sólo por eso, le odio a ese Christian Michelin... Quizás deberías buscar tus tres últimas declaraciones...
Stéphane: - ¡Cómo quieres que las encuentre..! Deben estar cogiendo polvo en las cajas de "papeles por revisar".
Aurélie: - Ves, ¡no hay que tirar nada!
Stéphane: - O se los han comido las ratas.

Stéphane se levanta.

Aurélie: - Ya vas... entonces, ¡es verdad! ¡Nos castigamos sin amor!
Stéphane: - Ven a buscar conmigo... Quizás en medio de las cajas...

Salen. Aurélie le besa en la mejilla.

Aurélie: - Mi defraudador adorado...

Escena 2

Un perro ladra Llaman a la puerta Aurélie entra por el pasillo, hablando a Stéphane que la sigue (los brazos llenos de papeles, les dejará sobre el sofá).

Aurélie: - ... un coche, y Gary ladra, es necesariamente super Nat... Escucha... Reconocería su manera de llamar entre mil.

Aurélie abre la puerta. Entra Nathalie, se cuelga del cuello de su hermana.

Nathalie: - Buenas asustados... ¡Tú acabas de copular ferozmente!
Aurélie: - Prefiero la expresión "hacer el amor"... ¡Pero eso no se nota!
Nathalie: - ¡Tus ojos, Aurel!
Aurélie *se acerca al cristal y se mira en él.:* - Sólo porque sepas que el cartero... ¡no te diré nada más!

Nathalie se cuelga del cuello de Stéphane.

Nathalie: - ¡Tus ojos también Stéph!
Stéphane: - Puesto que eres vidente, toma (le tiende la carta de la oficina de Hacienda).
Aurélie: - Entonces, ¿tu comprador el inspector?
Nathalie: - Claude Mespiga.
Stéphane: - Christian Michelin.
Nathalie: - Es un buen principio... ¡Las mismas iniciales! ¡CM! Cuando la música es buena, ¡follamos, follamos! Perdonadme, he vuelto a pasar una noche con el otro CM de Carlo Maestro del ligue de aeropuerto, ¿os acordáis, el CM de Addis-Abeba?

Aurélie: - Presta atención, al menos. Está claro, no es tu funcionario europeo.

Nathalie: - Quiere tirarse a una burguesa negra, separada de su marido pero volviendo a veces a su cama y distanciada de su amante oficial, una pollita cameladora de virtudes y dignidades, entonces repetimos pequeñas escenas de amistades particulares.

Aurélie: - ¿Te acuerdas de tus clases de fiscalidad?

Nathalie: - No lo olvides nunca: todavía treinta y seis años y nueve meses de Renta Básica por cobrar antes de vivir correctamente de mis creaciones... y ¡como puedes ver (*pose de modelo*) sólo tengo veinticinco años! (*recita:*) Se controla muy a menudo las profesiones en las que circula dinero en efectivo...

Aurélie y Stéphane la miran.

Aurélie: - ¡Sólo son algunas obritas!

Nathalie, *continua:* - Los controladores efectúan sistemáticamente cruces de datos para localizar las incoherencias... (sonriente:) ¿nunca has rellenado una declaración de ISP?

Stéphane: - ¿ISP?

Nathalie: - ¡Impuesto Sobre el Patrimonio!

Aurélie: - TDT

Stéphane: - ¿TDT?

Nathalie: - No nos líes... ISP, TDT, IVA.. nos vamos por los cerros de Úbeda.

Aurélie: - ¡TDT! Tasa de televisión

Stéphane: - Hacienda, servicio de la tasa de televisión, circunscripción de Périgueux, calle Francs Maçons.

Nathalie: - ¡Te acuerdas incluso de la calle!

Stéphane: - Espera, he visto ese papel no hace más de diez días, ni diez minutos... (*busca entre sus papeles*).

Stéphane, *lee :* - Tras un cruce entre los archivos "tasa de televisión" y "impuesto de bienes inmuebles", efectuado conforme a las disposiciones del artículo L117 A del libro de procedimientos fiscales, parece que no está censado como poseedor de una televisión en la dirección en la que está sujeto al impuesto de bienes inmuebles. Si no posee una televisión, es suficiente con precisarlo en el cuestionario marcando la casilla correspondiente.

Nathalie: - ¡Y seguramente no has reenviado el cuestionario!

Stéphane, *mostrándoselo:* - ¡No habían adjuntado un sobre franqueado para la respuesta!

Nathalie: - Y sólo es un artículo, el L117 A. Incluso puedo aseguraros que el Código General de los Impuestos, incluye 1965 artículos, más anexos, más el Libro de procedimientos fiscales y las instrucciones administrativas de Bercy. ¡Y el desconocimiento de la ley no exime de su cumplimiento!

Aurélie: - Habrá que llevar la tele al granero.

Nathalie: - De todas maneras, realmente no sé para qué os sirve.

Stéphane: - La gane en un concurso de conocimientos... de fútbol... ¡Ya sabes que con 17 años ya era una antigua promesa del balón!

Aurélie: - ¡Muy interesante para la antigua estudiante de psicología! Así conservando esa tele que quizás no funcione, ¡mantienes algo de tus 17 años!

Nathalie: - ¡Lo intentamos!

Aurélie: - ¿No crees que tenemos cosas más urgentes que hacer?

Nathalie: - Si no habéis acabado, hacedlo, espero aquí.
Aurélie: - ¿Qué dices?
Nathalie: - ¡Si tenéis algo en mi contra por haber interrumpido vuestra copu... amor desenfrenado!
Aurélie: - ¡Agencia Tributaria!
Nathalie, sentándose: - ¡Ver la tele! ¿Crees que aguantaré?.. ¿Me la das tu tele, Stéph? Escribiré « Aquí Nadie » en la pantalla, y la pondré en venta durante la expo de primavera... ¿crees que es mi mejor idea... del día?
Aurélie: - ¡Agencia Tributaria! (se sienta, Stéphane también)
Nathalie: - ¡No! ¡Va a haber que crear un poco de desorden aquí! Está demasiado limpio vuestro nido de tortolitos. Ni siquiera hay una telaraña. Indispensable. Pues si vuestro inspector es un fisgón, seguramente encuentre algo en tus declaraciones. Como no podemos cambiarlas, como no podemos cambiar al inspector... ¡Hay que aterrorizar a los terroristas (*voz grave a lo Charles Pasqua*)! En fin, hay que desconcertar al inspector. Intimidar al inspector.
Aurélie: - Hay que friccionar al funcionario.
Nathalie: - Confiscar a los fiscalizadores.
Aurélie: - Cerrar el fisco.
Nathalie: - Deslocalizar su local.
Aurélie: - Fisgar a los fisgones.
Stéphane: - ¡Creéis de verdad que es el momento apropiado para rivalizar con el lirismo fiscal!
Nathalie: - ¿Cuándo tiene que venir vuestro funcionario?
Stéphane: - 15 días.

Nathalie: - ¡Demasiado pronto!
Stéphane: - 15 días o un mes, ¿qué cambia eso? Y lo más rápido será lo mejor, pues, ¡lo peor es la incertidumbre! ¿Cómo voy a dormir durante quince días?
Nathalie: - ¡No te preocupes! ¡Confía en Aurel! ¡15 noches sin sueño, eso llenará vuestra vida de un montón de imprevistos que contarme!
Aurélie: - ¡No somos tus conejillos de indias, Nat!
Nathalie: - En quince días si dejáis la ventana abierta por la noche, el calor todavía será respetable en el salón, mientras que en un mes, se arriesgaría a estar en los límites de un frigo.
Aurélie: - ¡Quieres decir que hay que congelar al inspector para que vaya a buscar a otra parte!
Nathalie: - Exactamente. Incluso un inspector ha, al menos un día, sido un ser humano. Es en las situaciones difíciles cuando un poco de humanidad puede volver a salir. Tiene que llegar a pensar: pierdo mi tiempo, incluso si ha defraudado, este tipo se quedara por debajo del mínimo exento... ¿no has exagerado demasiado?
Stéphane: - ¿Cómo podría saberlo?
Nathalie: - En fin, sólo por mantener la Renta Básica y comprar vino rosado..., además todavía no he comido... ¿no tendréis un poquito de rosado al fresco?

Aurélie se levanta y va a la cocina a buscar una botella de rosado.

Nathalie: - Si me dejáis carta blanca, os preparo una recepción que ningún burócrata no podría desear a su ministro.
Stéphane: - ¿No crees que sería mejor engatusarlo, que no tratar de aterrorizarlo?

Nathalie: - Es el error imperdonable con los funcionarios. En burócrata hay burro. Intentar engatusarlo es tratar seguir creyéndose en un cuento para niños en el que es suficiente con sonreír al león para no ser devorado. Tiene el hábito de sentir a su víctima a su merced, el burócrata, y cuanto más el contribuyente se rebaja más le pisa sobre la cabeza. Aquí, va a dudar, después va a temblar.
Stéphane: - Temblar... Sin embargo no habría que ir demasiado lejos (*Aurélie vuelve a entrar... sirve tres copas de rosado*)
Nathalie, *coge una copa:* - ¡Por nuestro combate! (*brindan*)
Aurélie: - ¿Cómo le vas ha hacer temblar a ese tipo?
Nathalie: - ¡Los ratones! ¡Quien dice campo, dice ratones!.. Habrá que atrapar a algunos ratones por ahí...
Aurélie: - ¡Ah, no! No se dejan ratas sueltas aquí. No podría dormir.
Nathalie: - Bueno... Además, soltarlos, son tan poco colaboradores que podrían no llegar a aparecer. Es suficiente con encerrar uno en una de vuestras trampas, las de las palomas... También dos o tres ratoneras también para que a su llegada tenga una acogida conforme a su rango... No te vas a aparecer Aurel, iremos al granero, y jugaremos a los ratoncitos nerviosos por un gran queso suizo...
Aurélie: - ¡Te gusta ese tipo de puesta en escena!
Nathalie: -¡No todos los días se tiene la oportunidad de empujar a un burócrata!.. Y si funciona... Crees que sería un buen tema... Podrías proporcionarme un segundo... Estoy en ayunas... ¡Es una buena botella! ¿¡Otra reclamación ganada!?

Stéphane: - ¡Como las otras! Pero esta vez la obra de Aurélie que ha inventado una historia estrafalaria de una comida de los cazadores fastidiada por su vino picado. ¡Veinticuatro botellas ganadas esta vez!
Nathalie: - ¡Voy a tener que empezar con las reclamaciones! Carlo me ha ofrecido una caja de champán para nuestra noche de grandes caricias. ¡Pero se acaban tan rápido! Su Momina tiene escrúpulos, le ha escrito que no tiene ninguna razón para engañar a su compañero pero tiene una fantasía, ser acariciada toda la noche. Me harta ese viejo semental italiano.
Aurélie: - ¿Quieres tostadas?
Nathalie: - Se acabó Se acabó, ¿qué? ¡Las tostadas en ayunas!.. Pero una manzana, me gustaría (*Aurélie se levanta y va a la cocina*). Además... Creo que voy bien para llevarme el papel de Fedra... Bueno, Fedra de Cahors, Agen, Montauban, no es Avignon... Sí, vuestra historia me interesa... ¡Estoy segura de que podré hacer una obra de teatro!
Stéphane: - Con en el papel de Nathalie: ¡Super Nat! Autor, director, actriz principal, digna heredera de Sarah Bernhardt, dotada de una pluma para remover en su tumba a Molière, Shakespeare y Sacha Guitry. (*durante esta tirada, Stéphane mira dulcemente a Nathalie, que le devuelve la mirada, y él acaricia su pierna unos veinte centímetros subiendo desde la rodilla - desvían la mirada*) ¿Y consideras indispensable retrasar esa maldita cita?
Nathalie, *muy bajo*: - Sueño con Amor. (*más alto:*) ¡Indispensable!
Stéphane: - ¿Y el motivo serio?

Aurélie vuelve y le lanza una manzana, permanece de pie, admirando a su hermana.

Nathalie: - Tienes cita con una cantante. En París. En la óptica de escribir su próximo álbum. Naturalmente no puedes desplazar esa cita, esencial para tu carrera de autor.
Stéphane: - ¿La cantante se llama?
Nathalie: - ¡Forzosamente top secret! La canción es un medio donde todo tiene que permanecer confidencial. Es necesario que hacer sentir a ese burócrata que no forma parte de este medio. Por mucho que tenga el poder para hurgar, sólo puede soñar delante de su tele. ¡Esos artistas con los que se le cae la baba, tú te codeas con ellos! (Stéphane con cara de escéptico), Stéph, ¡te codeas con ellos! Tiene que creérselo, por lo tanto tu tienes que creértelos antes que él. ¡Quizás tiene una hija o un hijo, ese Milón! Y qué no haría para no quedar como el viejo idiota de servicio delante de esos niños ricos. Qué bonito domingo va a pasar si puede proclamar haber visto al hombre que se codea con el ídolo de su hija
Stéphane: - Su hija es estudiante de derecho y sólo le gusta la opera.
Nathalie: - ¡Sé optimista! El mundo pertenece a los héroes suficientemente valientes para vivir de pie, bastante lúcidos para mirar a los ojos incluso a los verdugos, cuando no es posible cambiar de acera.

Telón

Acto 2

El mismo salón... sucio y desordenado (sin tele), una ventana completamente abierta En primer plano, una trampa con un ratón en el interior. Delante de la ventana, una vieja cocina de gas y la bombona al lado. El perro ladra. Llaman a la puerta exterior.

Escena 1

Aurélie llega corriendo, poniéndose un jersey. Aurélie abre la puerta. Nathalie entre. muy abrigada.

Nathalie, *le tiende una bolsa de supermercado*: - ¡Presenten armas!

Y da la vuelta a la bolsa: una enorme nube de polvo.

Aurélie y Nathalie: - Hmm Hmm Hmm Hmm Hmm...
Aurélie: - ¿No crees que era más que suficiente?
Nathalie: - Era la ocasión de hacer... Hmm hmm... Limpieza.
Aurélie: - ¡Tu piso está limpio! ¿Qué pasa?
Nathalie: - Quizás me mude...
Aurélie: - Creía que te habías convertido en abstemia... Hmm hmm...
Nathalie: - Pues eso... Ese Carlo me he hecho apartarme de lo fútil y de las mentiras... Cambio de vida.
Aurélie: - ¿Entras en un monasterio?
Nathalie: - ¡Estoy enamorada!
Aurélie: - ¿Y él?
Nathalie: - ¡Todavía no me ha atrevido a confesárselo!

Aurélie: - ¡Tú! ¡Pero qué pasa!
Nathalie: - Hmm Hmm Hmm Hmm Hmm... Imagina que en vez de un inspector llega nuestra adorada y querida mamá.
Aurélie: - Yo asistiría a ... vuestro confuso reencuentro... Hmm hmm...
Nathalie: - ¡No hables de desgracias!
Aurélie: - Desde que vivo con Stéph, todo va mucho mejor... ¡Hablamos de lluvia, buen tiempo, turistas, subida de precios, compras reembolsadas, rebajas..! No te preocupes, le dijo lo justo pero suficiente para que no venga.

Durante su conversación, Aurélie coge un jersey sobre el sofá, se lo pone y después se pone un gorro. Nathalie saca un gorro del bolsillo y hace lo mismo.

Nathalie: - ¿Y Stéph ?
Aurélie: - No te sorprendas... Le has visto sin peinar desde hace 8 días.. Está mañana he añadido un poco de grasa sobre su cabello.
Nathalie: - ¡Era una orden imperativa de Super Nat! Porque me sorprendería... ¡Debe de estar muy mono así!
Aurélie: - Lo prefiero de otra manera...

Stéphane entra en bata, un gorro en la cabeza, el cabello graso sobresaliendo, calcetines gordos (colores diferentes), zapatillas con agujeros.

Nathalie: - ¡Guuuuaaaaauuuu!
Stéphane, *con voz pastosa*: - ¡Hola chicas!

Se ríe a carcajadas. Nathalie se cuelga de su cuello con ternura...

Stéphane: - No conseguiré hablar así durante cuatro horas.
Nathalie: - ¡No aguantará cuatro horas! ¡Palabra de Nat! Venga, último ensayo general... ¿Dónde está la sangre?
Aurélie: - No, nada de ensayo para la escena de la sangre. Ya lo hemos probado con agua, sabemos que funciona.

Stéphane sale por la puerta de la cocina, vuelve con un frasco.

Stéphane: - Auténtica sangre de ratón. ¡Va siendo hora de sacarla del frigo, si no la sangre fría puede que no sorprenda ... (agita el frasco) y ni siquiera está coagulada!
Nathalie: - Te lo has tenido que pasar bien sangrando a la bestia.
Aurélie: - Me ha volcado en ello.
Nathalie: - La escena de los fantasmas.
Aurélie: - Pero no, ¡nos va a salir bien!
Stéphane: - Ensayadla de nuevo... No hay que exagerar.. Tiene que preguntarse si se trata de un fantasma o de ratones... ¡Conozco a Nat!
Nathalie: - ¡Qué! ¿No me conoces? Sé comportarme... ¡A veces!
Aurélie: - Venga, vamos al granero.

Nathalie y Aurélie salen por la cocina

Se escucha:
Aurélie: - Espera a que esté en el granero antes de poner un pie en la escalera... Sabes que las escaleras y

yo no siempre hemos sido las mejores amigas del mundo.

Nathalie: - ¡Deberías hablar con tu psicólogo! ¿Por qué lo has dejado?

Aurélie: - Sabes bien que sé más que todos los psicólogos de Cahors reunidos...

Nathalie: - Sobre los demás quizás, pero sobre sí mismo es más complicado... ¿Por qué no quieres ser mi psicóloga?

Aurélie: - Ya te lo he explicado: imposible. La transferencia no funcionaría. Sé demasiado.

Ruido: un salto con pies juntos en el granero

Nathalie: - ¡Tus adorados ratones han llegado!

Stéphane: - ¡Ratones, no elefantes!

Nathalie: - ¡Y si ensayásemos los resbalones con nata!

Ruido: ¡Los resbalones!

Stéphane: - No está mal. Nos quedamos con los resbalones.

Nathalie: - ¡Las pequeñas bailarinas, las viejas ratas de conservatorio!

Ruido: ¡Las "ratas"!

Stéphane: - ¡Eso lo dudo! ¿Realmente vosotros o ratones?

Aurélie: - Caminar sobre tacones.

Ruido: crujidos del techo.

Stéphane: - Afortunadamente no los tienes de aguja.

Aurélie: - ¿Que pasa con eso?

Stéphane: - Parecería que estamos en una noche de

invierno cuando nos preguntábamos si los ratones pueden armar tanto jaleo.
Aurélie: - ¿Entonces podemos bajar? ¿Ensayo concluyente?
Nathalie: - Espera.

Ruido: como fantasmas en un granero.

Stéphane: - ¿Cómo lo haces?
Nathalie: - ¡Secreto! ¿Funciona?
Stéphane: - Hacedlo únicamente si comienza a asustarse, a preguntarse si está en una casa encantada.
Aurélie: - Bajo la primera... Ya que que soy la mayor... Pero sobre una escalera... Steph, ven a sujetar la escalera.

Stéphane sale (hacia la cocina). Se oye en la cocina:

Stéphane: - Entonces, amor mío, ¿las escaleras siempre serán tu talón de Aquiles?.
Nathalie: - ¿Bajo o os dejo hacer una pausa?

Ruido: un gran brinco.

Nathalie: - Saltar desde el tercer peldaño, ¡un día tu también lo lograrás hermanita!
Aurélie: - ¡Y si te hubieses caído al sótano! ¡ El suelo es de madera aquí!
Nathalie: - ¡Entonces todavía no has malversado suficientes fondos para restaurar bien la cocina! No dudes en explicárselo a tu fisgón.

Vuelven al salón.

Nathalie: - ¿Y al final, los pequeños ratones fantasmagóricos?

Stéphane: - Casi fantásticos.. Pero bueno, no soy inspector de hacienda... ¡Ignoro cómo reaccionan esos humanoides!

Aurélie: - ¡Tengo hambre!.. He preparado la comida en la habitación...

Nathalie: - ¡Sin duda alguna, se hace de todo en vuestra habitación!

Aurélie, a Stéphane: - Te puedes quedar aquí, si te resulta difícil vernos comer.

Nathalie: - ¡Oh, Steph, tu olor salvaje!

Aurélie: - A tres metros, lo sentirás tan bien como a tres milímetros.

Salen por la puerta de las habitaciones.

Escena 2

Entran Nathalie y Aurélie.

Nathalie: - ¿Crees que va a venir, Steph?
Aurélie: - ¿Quieres decir ... después de todo deberíamos haber dormido esta noche? ¡Es horrible haberle impedido desayunar... mientras que esto da tantísima hambre!
Nathalie: - ¡A mí me dan sobre todo ganas de encender la tele!.. Los tíos son todos iguales, vacíos, como teledirigidos por una tele o una radio... Machos faltos de cerebro, manipuladores. Me he dejado triturar por ese cabrón de Carlo para tener delante de los ojo a un monstruo.
Aurélie: - Te dije que no te fiases. Era un sofista, te habría conducido a una depresión si hubieses seguido.
Nathalie: - Creía ser lo suficientemente fuerte como para luchar pero veo que me ha utilizado como utiliza a los demás, con sus teoría de amistad, de sabiduría y de ternura.
Aurélie: - Su palabrería estaba muy bien hilada.
Nathalie: - Ya está, se tiró a su burguesa. Después de tres noches de en sus brazos: quiere que ella acepte con una sonrisa y placer sus noches con Sophie y elle quisiera que el dejase a la rubia, se casa con ella y la deje embarazada. Si conociese realmente su vida, la señora boba la esquizofrénica que sigue escribiendo mi amor a su amante oficial, que sigue esperándole. Bueno, cuando te veo... ¿Puedo pedirte... un favor?
Aurélie: - Si no es pasar una noche con Stéph.
Nathalie: - ¡Bueno entonces no te he dicho nada!
Aurélie: - ¿Reconoces entonces que exageras?

Nathalie: - No... Puesto que no actúo a tus espaldas... Quizás lo intente con las chicas... ¿Ya lo has intentado?
Aurélie: - Sabes... Tu eres la única chica con la que puedo hablar más de un cuarto de hora.
Nathalie: - No te digo hablar, sé bien que somos las hermanas misántropas... ¿¡Eso es una proposición!?
Aurélie: -¡No exageres!
Nathalie: - ¿Crees que Stéph estaría de acuerdo en unos mimos para tres?
Aurélie: - ¡Quizás debería desconfiar de ti?

Entra Stéphane.

Stéphane, *con la voz pastosa:* - ¿Entonces, chicas, todavía no estáis en el granero?
Nathalie, *mira su reloj*: - ¡Oh, Picasso!.. ¡Menos cinco!.. Hablábamos sobre qué podíamos hacer de cariñoso esta noche para... ¡redinamizarte!
Aurélie, *que se lleva a Nathalie*: - Al granero hermanita, (a Stéphane:) ¡no olvides cerrar la ventana!
Nathalie: - Tus pequeños ratones te van a sorprender... ¡Y no olvides ser vulgar! ¡Quiero escuchar "mierda", "oh, joder"! .

Salen hacia la cocina, Stéphane cierra la ventana y las contraventanas, después va a la cocina a esconder la escalera.

Stéphane: - Cierra bien la trampilla.

Stéphane vuelve al salón, va a mirarse en el espejo. Sonríe.

Stéphane: - ¡Esta cara de hoy, la echaré de menos en diez años!*

Ruido: un gran puntapié en el granero. Stéphane se sobresalta

Nathalie: - ¡Compañía del granero, a sus puestos!
Stéphane: - ¡Chitón!

Stéphane se sienta en el borde del sofá. Se levanta. Se vuelve a sentar. Llaman a la puerta. Stéphane se sobresalta. Respira hondo. Se tapa la nariz. Agita los brazos. Llaman de nuevo.

Voz desde fuera: - ¿Hay alguien?

Llaman de nuevo. Stéphane se dirige a la ventana, la abre, abre la contraventana. Aparece el inspector.

Stéphane, *voz pastosa*: - ¿Se ha perdido?
El inspector: - ¿Stéphane Ternoise?
Stéphane: - A veces... ¿Dé qué se trata?
El inspector, *sorprendido*: - ¿Es usted el señor Stéphane Ternoise?
Stéphane: - A veces... Bastante a menudo.
El inspector: - Inspector Michelin, del centro de impuestos de Cahors. Tenemos una cita a las dos.
Stéphane: - Ah sí... (*bosteza*) ¿Por qué ha venido esta mañana?
El inspector: - Son las dos.
Stéphane: - ¡No es posible!

[*extracto de una publicidad de Serge Gainsbourg para los carretes de fotos Konica.]

El inspector, *le enseña su reloj*: - Ya son las dos y cinco.
Stéphane: - Entonces es por esos putos ratones. Han hecho de las suyas. ¿Pero está seguro de que son las dos en Francia?
El inspector, *se impacienta*: - Puedo pasar.
Stéphane: - Sí... Si me jura que realmente son las dos... ¿En Francia?...

Stéphane va a la puerta, mueve la cerradura, vuelve a la ventana.

Stéphane: - ¡Eh! ¡Inspector!

El inspector reaparece en la ventana.

Stéphane: - ¿Sabe algo de cerraduras?
El inspector: - ¿Es decir?
Stéphane: - Está bloqueada desde hace dos meses.
El inspector: - ¿Y no sale desde hace dos meses?
Stéphane: - Sí, sí, paso por el sótano. ¿No será un poco cerrajero?

El inspector le mira fijamente, cada vez más desconcertado.

El inspector: - ¿Podría indicarme su entrada secundaria?
Stéphane: - Ningún problema (*hace gestos al mismo tiempo*) todo recto, a la izquierda al final del muro, otra vez a la izquierda, y la primera puerta a la izquierda. Como si estuviera en su casa, está abierto. Voy a abrirle arriba. Hay una escalera, no es la Plazza pero aguanta.

El inspector desaparece.

Stéphane, *sonríe*: - Si llega con telarañas en el pelo, no conseguiré aguantarme (*junta las manos*). ¡Santo patrón de los chanchulleros aficionados, haga que se rompa la crisma en las escaleras!.. ¡Si estuviera en su lugar, lo haría a posta! ¡Accidente laboral!

Stéphane sale.

Se escucha:
Stéphane: - No se preocupes, paso por ahí tres veces al día... Paso por delante de usted...

Entran.

El inspector, *que le tiende la mano*: - Buenos días, señor Stéphane Ternoise.
Stéphane: - ¡Ah! ¡Sí! (*Bostezando*) A propósito, buenos días, señor André Michelin.
El inspector: - Christian Michelin, inspector en el centro de impuestos de la 1ª Circunscripción de la región del Lot.
Stéphane: - Sí, me acuerdo. Es usted el que ha firmado la carta que he recibido. André Michelin, jefe del contencioso... Eeh... Encantado de conocerle en persona.
El inspector, *que mira a su alrededor, desconcertado:* - Sí, lo sé, usted es autor de canciones. Conozco la canción de Jacques Brel. Pero yo soy Christian Michelin, inspector en el centro de impuestos de Cahors. Tercer sector.

Ruido: dedos rascan la madera en el granero. Stéphane no se preocupa. El inspector mira a su alrededor y hacia arriba.

Stéphane: - ¡Ah! Usted es el hijo de André.
El inspector, *molesto*: - Mi padre se llamaba André

padre... Pero eso no tiene nada que ver. Supongo que ha preparado su contabilidad.
Stéphane: - Pero... Ah sí... Lo gastos y los ingresos... ¿Es lo que usted llama contabilidad?
El inspector: - Es el término exacto.
Stéphane: - ¿Está seguro?
El inspector: - Perfectamente
Stéphane: - Pensaba que contabilidad se aplicaba a las empresas

El inspector se acerca y... ve la jaula...

El inspector: - ¡Eh! (*hace un ademán de retroceder...*)
Stéphane, *se acerca*: - ¡Va a ser un buen día, creo!
El inspector: - Podría retirarla.
Stéphane: - ¿Es usted de la SPA? ¿Quiere que lo libere?
El inspector: - No, no, ¡ni mucho menos! Póngala en otra habitación.
Stéphane: - Voy a ahogarla en el fregadero en un momento.

Recoge la jaula, va a la cocina donde deja correr el agua mientras que el inspector observa con sorpresa y asco, se limpia el traje. Vuelta de Stéphane.

El inspector, *avanza hacia la mesa de café*: - ¡Eh! (*de nuevo retrocede... Ha visto las dos trampas, los dos ratones muertos*)

Stéphane, *se acerca*: - ¡Esos, ya no es necesario ahogarlos!... Si tuviera diez trampas, creo que cada mañana estarían llenas. Pero prefiero ponerlas en la habitación (*silencio*).

El inspector: - Entonces está a régimen...
Stéphane: - No. Si no le molesta tengo que desayunar.

El inspector le mira fijamente como se debe mirar a un marciano o, más corriente, a un idiota.

El inspector: - Entonces está en el régimen de la declaración controlada... Supongo que ha preparado sus justificantes... Gastos ingresos.
Stéphane: - Si, está todo ahí (*señala una caja sobre la mesa*).
El inspector: - ¿Puedo sentarme?
Stéphane: - Por supuesto...

Stéphane retira las hojas delante del cartón y las coloca un poco más lejos, así el inspector tiene justo un sitio para sentarse, el resto del sofá está cubierto de papeles, cajas, camisa agujereadas...

El inspector: - ¿Vive solo?
Stéphane: - Soltero seguramente sin hijos a cargo.
El inspector: - ¿Seguramente?
Stéphane: - Empecé mi actividad sexual antes de los mensajes de prevención contra el sida y.. En fin, no voy a contarle mi juventud. ¡No trabaja para *Hola*!

El inspector abre la caja, saca los primeros papeles, Stéphane va a buscar leche, la echa en una cacerola.

Stéphane: - ¿Quiere un bol de leche?
El inspector, *le mira fijamente de nuevo*: - No gracias.
Stéphane: - ¿Ni siquiera con chocolate dentro? Tiene suerte, había Nesquik rembolsado, no siempre las compras reembolsadas son de calidad.

El inspector: - Podría indicarme donde están sus declaraciones.
Stéphane: - Estoy seguro de que están en... (*enciende una cerilla y enciende el gas*) Ah... (*sonríe*) Antes esto me preocupaba pero he leído que es normal en los humanos de sexo masculino, no poder hacer más que una cosa cada vez, mientras que las humanos de sexo femenino pueden hacer treinta y seis cosas a la vez (*El inspector le mira fijamente, seguramente preguntándose la relación con su pregunta*)... Estoy seguro de que están en la caja, caja, es la palabra que me faltaba... ¿También le pasa no encontrar el término exacto encendiendo el gas?
El inspector, *dudando en responder*: - Tengo una cocina eléctrica
Stéphane: - Si un día tengo los medios, compraré una. Está mejor pagado que ser autor de canciones, ser jefe del contencioso.
El inspector: - Inspector de Hacienda.
Stéphane: - Ah, ¿es un término diferente para nombrar la misma función?.. ¿Un... Sinónimo?
El inspector: - Entonces, estábamos con sus declaraciones.
Stéphane: - Supongo que tiene las copias.
El inspector: - Cierto...

> *Ruido: un pie deslizándose sobre el suelo del granero. El inspector se para, mira hacía arriba, observa a Stéphane que vigila la leche sin la más mínima reacción.*

El inspector: - Cierto... Pero supongo que en el interior de sus declaraciones encontraré el detalle de sus ... Gastos e ingresos.

Stéphane: - Todo está ahí... He necesitado ocho días para encontrarlo todo. ¡Pero está todo!

Ruido: un trozo de madera golpea contra el suelo del granero. El inspector se sobresalta, deja escapar un "aayy" Stéphane permanece impasible.

Stéphane: - ¿Quiere un bol de leche?
El inspector: - ¿Está seguro de que (*mira hacia arriba*) el techo es sólido?
Stéphane: - En la sala grande, volaron algunas tejas con la tormenta. Pero el vecino me ha ayudado, ya sólo caen algunas gotas. He puesto un cubo en el granero y esto está bien. Aquí arriba, he subido a ver y aguanta. Usted también, ¿ha tenido daños con la tormenta?

Un nuevo ruido.

El inspector: - ¿Lo ha oído?
Stéphane: - ¡Ah! Los amigos...
El inspector: - ¿Alberga a amigos en su granero?
Stéphane: - Los amigos... Oh, ¡No son trabajadores clandestinos! (*Stéphane sonríe*) Es una deformación profesional... A mi también me pasa cuando pasa algo, trato de hacer una canción... Los amigos, así es como llamo a los ratones... Por la mañana parece que tienen que estirar las piernas... Es raro que haya veneno para ratas reembolsado... ¿A usted también le molestan los ratones?
El inspector: - Vivo en la ciudad. Pero creía que los ratones dormían de día.
Stéphane: - Estoy seguro de que hay varias tribus. Algunas se mueven de noche para impedirme dormir,

otras de día para impedirme escribir... A veces, pienso que están pagadas por la sgae, esos cabrones.. (El inspector le mira fijamente de nuevo). Esos cabrones, son los ratones del día... O quizás les gustaría que le dejase la casa. Pero no cederé... ¡Oh, mierda! (*Stéphane sopla sobre la leche y levanta la cacerola*) Oh, mierda, , discutimos, discutimos y poco decimos, y la leche se escapaba... No quería poner este drama sobre su consciencia... (*Stéphane apaga el gas*)

Nuevo ruido.

El inspector: - ¿Está seguro de que los ratones son los culpables de este ruido?
Stéphane: - También lo dudaba al principio. Algunos decían que había comprado una casa encantada.

El inspector se endereza, asustado.

Stéphane: - Entonces, fantaseé sobre el granero, convencido de que me había tocado la lotería, convencido de que alojaba súcubos, convencido de que una noche tendría una agradable sorpresa. (*Pasan por los ojos del Inspector sentimientos difíciles de traducir: ¿Ignora el significado del término súcubo? ¿Ha visto demasiadas películas de miedo?*) Pero como no pasaba nada, subí al granero.
El inspector, *cae en la trampa del silencio de Stéphane et y suelta un*: - ¿Y?
Stéphane: - ¿Adivine cómo la realidad me ha devuelto penosamente a mi triste suerte? Desafortunadamente, ninguna diablesa vendrá a alegrar mis noches. (*pretendiendo ser lírico:*) Ninguna diablesa vendrá a alegrar las noches de un

escritor maldito, jamás, ni súcubo ni hada, para salvarme de un marasmo tan sentimental. (silencio) El granero está invadido por cacas de ratón. Finalmente, no creo en los fantasmas... ¡O entonces en los castillos! ¿Cree, usted, que pasarían siglos en una vieja casucha cuando pueden alojarse sin pagar un duro en un palacio? ¿No cree?
El inspector: - Es un razonamiento lógico.
Stéphane: - ¡Si me encuentro alguno le daré su dirección?

Nuevo ruido. Stéphane se levanta como si no pasase nada, va a buscar un bol.

Stéphane: - No se preocupe, le dejo la mesa, voy a comer aquí... Estoy acostumbrado.

Coge la cacerola con la mano izquierda, da un codazo a la tapa de la cocinilla... (un ruido muy parecido al del granero... El inspector se sobresalta)

Stéphane: - No se preocupe... Sólo tengo dos brazos. ¿Usted no?

Deja el bol, echa la leche, deja la cacerola, va a buscar pan, mantequilla, crema para untar barata, come...
El inspector hojea los papeles... Algunos ruidos en el granero le hacen siempre levantar la cabeza.

El inspector: - ¿Por qué no están clasificadas sus gastos/ingresos?
Stéphane, *sonríe*: - No podría imaginar que un día un inspector preferiría pasar el día verificando mis facturas, antes que emprenderla con los

defraudadores... Los artesanos que sólo se desplazan si son pagados en negro, los carniceros, los charcuteros, los agricultores, los farmacéuticos que revenden los medicamentos que les llevan normalmente para los países pobres.

El inspector: - ¿Usted ha pagado en efectivo a un artesano?

Stéphane: - ¿Cree que tengo los medios para hacer obras? (*sonriendo*:) ¡No tengo su sueldo!

El inspector sonríe ligeramente y vuelve a los papeles. Stéphane termina su comida... El inspector abre su cartero, saca una fotocopia.

El inspector: - Tengo aquí un artículo. Supongo que lo conoce.

Stéphane: - Me lo han enseñado. La foto estaba más o menos lograda, ¿no cree? ¡Supongo que lo ha entendido!

El inspector: - ¿Qué hay que entender?

Stéphane: - Oh, como esta sometido al secreto profesional, puedo confesárselo: he hecho como todo el mundo.

El inspector: - ¿Podría ser más claro?

Stéphane: - ¿Realmente le interesan las grandezas y miserias de los artistas?

El inspector: - Estudio los expedientes sin *a priori*, y para eso debo conocer su posición.

Stéphane: - Entonces debe saber que los artistas que no tienen los medios para pagar la cirugía estética, dan a los periodistas una antigua foto, que además está retocada.

El inspector: - La foto no es lo esencial para mi. Usted declara haber vendido mil ochocientos ejemplares de su último libro.
Stéphane: - Está bastante bien, ¿no cree? De las novelas se venden de media 600 ejemplares.
El inspector: - Pero cuando multiplico mil ochocientos por el precio de venta, obtengo ingresos muy superiores a sus declaraciones.
Stéphane, *ríe a carcajadas*: - ¡Lo dice en serio!
El inspector: - ¿Tengo cara de bromear?
Stéphane: - Entonces las personas con su salario leen ese periodicucho... ¡Y encima se lo creen!
El inspector: - ¿Son sus declaraciones, no? Si no habría exigido una rectificación.
Stéphane: - ¡Y cree que un editor va a comunicar a los periodistas sus verdaderas cifras!
El inspector: - Si miente a los periodista, no tengo razones para pensar que actúe de manera diferente con el centro de impuestos.
Stéphane: - Y si mañana un periodista le preguntase a que se dedica, le va a contar: a verificar si las informaciones que publica en su periódico de tres al cuarto se corresponden con las declaraciones fiscales?
El inspector: - En lo que respecta a mi profesión, me debo al secreto profesional.
Stéphane: - En lo que respecta a mi profesión, me debo a la palabrería profesional. ¡No creerá en Gallimard o Fayard y su publicidad, 300.000 ejemplares vendidos un mes después de la publicación de la novela!
El inspector: - Esos contribuyentes no figuran en nuestras circunscripción fiscal.

Stéphane: - ¿Soy el único editor de su circunscripción?
El inspector: - Usted declara en este artículo ser "*el primer autor-editor profesional de la región*", y no soy responsable de indicarle si el conjunto de los representantes de su profesión son comprobados.
Stéphane: -Entonces ha tenido suerte... ¡Acaba de descubrir que un editor considera a los periodistas como simples vínculos comerciales! ¿No ha visto nunca la banda de Best-seller sobre libros cuya publicación no había sido publicada más el mes anterior?
El inspector: - Señor Ternoise, ¿puedo ver su stock?
Stéphane: - Ningún problema... Está en la gran sala... ¿Tiene un sombrero?
El inspector: - Le sigo.

Stéphane coge un viejo abrigo destartalado, se lo pone sobre su bata...

El inspector, *que quiere ser gracioso*: - Tengo dificultades para creer que pueda hacer más frío que aquí.
Stéphane: - La gran sala está situada al norte. Para usted no es un problema... En casa de enfermedad tiene derecho a vacaciones pagadas.

Salen. Ruido de pasos en el granero. Después conversación.

Nathalie: - Durante este tiempo, los pequeños ratones estiran las piernas. Y los brazos, y los brazos (*como si fuese una canción*), y el cuello, y el cuello, y los senos y los senos.
Aurélie: - ¡Oh!

Nathalie: - No te gusta que te acaricien los senos.
Aurélie: - Prefiero que sea Stéph.
Nathalie: - ¡No seas desagradable! Es sólo que con Stéph estás desnuda. ¡Suertuda!
Aurélie: - ¡Pero soy tu hermana! ¡Qué haces!
Nathalie: - Paso suavemente mis dedos bajo tu abrigo y tu camisetita. ¿Te acuerdas cuando dormíamos en la misma cama?
Aurélie: - ¡Para!
Nathalie: - Schhss, oigo pasos, los gladiadores vuelven.
Aurélie: - ¡Para!

El inspector, *entrando de nuevo*: - Quiere decir que mentir a los periodistas en frecuente en su profesión.
Stéphane: - Puede comprobarlo. La tirada de mi última novela es de 1024 ejemplares. Como quiere que habiendo impreso 1024 haya podido vender 1800. ¡Además ha podido constatar que me quedan más de 25!
El inspector: - ¡Pero es una mentira! ¡No lo entiendo! ¿Por que se proclama "*primer autor-editor profesional de la región*"? ¿Entonces no vende casi nada y vive de la renta básica?
Stéphane: - Para que un libro se venda, primero hay que fingir que se vende. Los escritores no pueden hacer nada, los lectores son así, sólo nos miran si están convencidos de que su vecino nos ha leído. Inconscientemente tienen que sentirse culpables de no habernos leído... Usted, por ejemplo.
El inspector: - ¿Yo?
Stéphane: - Sí, usted, al volante de su coche, usted piensa "tiene que ser interesante lo que escribe, que

suerte, voy a conocer a un gran escritor". (*Silencio*) Incluso había decidido comprar uno de mis libros. ¿Y ahora?
El inspector: - Siento decepcionarle pero con mi carga de trabajo, no tengo tiempo de leer más que lecturas profesionales.
Stéphane: - ¡Nunca compra un libro!
El inspector: - Ehh... A veces para regalar.
Stéphane, *desilusionado*: - Ese es el problema. Las personas interesadas por mi libros son jóvenes y sin un duro, y los ricos pasan de la literatura. Además, cuando compra un libro, coge ese del que "se dice", el "se dice" de la manipulación mediática, del que se dice que "es interesante". Y su amigo le dará las gracias, colocará ese libro en su biblioteca y nunca lo abrirá. Pero usted tendrá la impresión de hacer un regalo original y él también estará satisfecho, porque pensará que le considera como un lector, es decir, como una persona inteligente... Está jodida, la literatura...
El inspector: - Estamos aquí para evocar su contabilidad.
Stéphane, *aún más intranquilo*: - Si mis explicaciones le joden, me vuelvo a acostar.

> *Enorme ruido: como si dos personas se revolcasen por el suelo en el granero. El inspector levanta la cabeza.*

El inspector: - ¿Y eso no le preocupa?
Stéphane: - Oh, ya sabe, usted hace su trabajo, pero no puede pasar tres días en mi contabilidad, si encuentra un error, no será ni siquiera de 17 euros, entonces porqué me preocuparía, error o no error de

14 euros, de todas maneras estoy lejos de ser imponible.
El inspector: - Hablaba de los ruidos extraños en su granero.
Stéphane: - ¿Cree que tengo medios suficientes para llamar a la compañía de desfantasmización?

El inspector sonríe crispado.

Stéphane: - ¿Usted sabe de fantasmas?.. ¿Cree que es peligroso?
El inspector, *que se frota las manos*: - ¿No calienta esto nunca?
Stéphane: - Hay personas que duermen en la calle a menos diez, mi abuelo pasó un invierno en las trincheras, ¿cree que jugaba a los chinos? Cuando se tiene la suerte de tener un techo, ya nos podemos considerar afortunados, agachamos la cabeza, cerramos la boca y esperamos la primavera, y eso no nos impide ser felices... Es en nosotros donde se encuentra lo esencial... ¿no cree?
El inspector: - Cierto pero... Voy a terminar de consultar su... Contabilidad.

El inspector se vuelve a sentar y hojea.

El inspector: - ¡Ajá! (*salta fuera del sofá*)
Stéphane: - ¿Ha tenido una visión?

El inspector no pueda hablar, señala la mesa.

Stéphane: - ¿Qué pasa?.. - ¿Ha tenido una visión?.. ¿Su mujer con el cartero?
El inspector, *sigue señalando la mesa y consigue articular*-¡Sangre!

Stéphane: - ¿Su mujer pierde sangre?
El inspector, *respira hondo*: - Ha caído sangre sobre las hojas.
Stéphane: - ¿La sangre de su mujer ha caído sobre las hojas? - ¿En su jardín?
El inspector, *señalando el techo*: - Del techo, sobre sus hojas.
Stéphane, *se acerca a la mesa, coge una hoja*: - ¿Está seguro de que no estaba antes?
El inspector: - La he visto caer... Es sangre fresca.
Stéphane, *mueve la hoja*: - ¡Ah, sí! Se mueve sobre la hoja... no se habrá cortado... A veces pasa con las hojas...
El inspector, *que incluso se mira las manos*: - La sangre ha caído del techo.
Stéphane: - ¡No es posible!.. Los fantasmas no pierden sangre.

El inspector se acerca a la mesa mirando el techo, después la hoja que Stéphane tiene en la mano.

El inspector: - Es sangre de verdad.
Stéphane: - ¡Oh, mierda! Cree que viene del techo... Ahora todo se explica.
El inspector: - ¿Todo se explica?
Stéphane: - Sí, una vez dejé un libro abierto sobre la mesa y por la mañana había una gran mancha roja sobre él. Era un libro de la biblioteca, Las sombras errantes, de Pascal Guignard, me pregunté qué había hecho la noche anterior para no verla... Entonces hay sangre que cae del techo... Sería mejor si fuese oro.
El inspector: - Creo que debería avisar a los servicios sanitarios.

Stéphane: - ¿Cree que en el ayuntamiento tienen un servicio de desfantasmización?

El inspector tiembla.

Stéphane: - El notario me respondería con su apariencia de víbora, "no puede decir que le he ocultado que su casa está situada cerca del cementerio"... Para comprender mi reflexión, hay que saber que este notable de campo no ha creído oportuno decirme que un proyecto de Muy Alta Tensión estaba en prevista, una línea de Muy Alta Tensión que debe pasar a menos de cinco metros de aquí... Antes de buscar paja en los honestos ciudadanos, haría bien en verificar los ingresos y gastos de los notarios... Porque me pidió perras en efectivo, ese zorro. Por supuesto, lo rechacé, se lo digo. Pero otros deben dejarse robar.

Silencio El inspector está como paralizado. Sigue mirando al techo. Stéphane, detrás de él, sonríe. Tira de una cuerda detrás del sofá. Se oye el "clic" de una ratonera. El inspector sobresaltado, se da la vuelta.

Stéphane: - ¡Ah! Eso debe ser una buena noticia.

Da la vuelta al sofá, se agacha y agita una trampa con un ratón muerto.

Stéphane: - Una que no irá a esconderse en su bolsillo.

El inspector golpea maquinalmente sus manos contra sus bolsillos, después se seca la frente.

El inspector: - Bueno... Creo haber recogido suficiente información...

Mira discretamente su cartera, no quiere mostrar demasiado que comprueba que no haya ratones, mira hacia la mesa, mira a Stéphane.

El inspector: - Le deseo que pasa un buen día, señor. Le deseo mucho ánimo.
Stéphane: - Le deseo una feliz vuelta... Esta bien, entonces, mi.. Mi contabilidad.
El inspector: - Recibirá una notificación escrita.

El inspector, retrocediendo, va hacia la puerta de la cocina, la abre.

Stéphane: - ¿Prefiere salir por la ventana de la cocina?
El inspector: - ¿No es la salida?
Stéphane: - Si prefiere salir por la ventana, no hay ningún problema por mi parte. ¿Tenía la opción acrobacias en bachillerato?

El inspector trata de situarse y va hacia la puerta pasillo/sótano.

El inspector: -Espero que pase un buen día.
Stéphane: - Voy a abrirle la puerta del sótano.

El inspector sale, Stéphane le sigue.

Desde el granero:
Nathalie, *en voz baja*: - ¡Ves como era perfecto mi plan!
Aurélie: - Espera que haya arrancado, nunca se sabe.

Un momento. Stéphane entra con un radiador, lo enchufa.

Aurélie: - Tenemos que ver su coche por los agujeros para palomas.

Corren en el granero.

Nathalie: - Está blanco como un leche tu inspector... Tiene problemas para respirar... Ah, acaba de arrancar su coche de burgués... Encima se atreve a contaminarnos, este funcionario.
Aurélie: - Está bien. se ha ido.
Nathalie: - Vuelve a poner la escalera, Stéph...

Stéphane va a la cocina, se le oye poner la escalera, la trampilla del granero se abre...

Nathalie: - Esta vez paso primero...

Ruido: un gran salto.

Aurélie: - Estás loca saltando así.
Nathalie: - Es para saltar en los brazos de Stéph, hermanita adorada... ¡Has estado genial mi Steph adorado!..
Aurélie: - Sujetad la escalera... Nat, no te permito frotar tus senos contra el pecho de Stéph...
Nathalie: -¡No mires hacía abajo, te dará vértigo!
Aurélie: Nat, ¡tus senos!
Nathalie: - Mis senos... Después de lo que hemos hecho ahí arriba... Bien pudo besar a Stéph en la boca (*se oye un ruidoso beso en la boca*)
Aurélie: - Pero defiéndete Stéph... Y sujétame la escalera... Nat, no tenías derecho a eso...

Un nuevo beso ruidoso.

Nathalie: - Bueno, sujeto la escalera… con la condición de tomar una ducha para tres.

Aurélie: - Nunca. ¡Nunca!
Nathalie: - Ven Steph, vamos a darnos una ducha para dos... Pero vamos a retirar la escalera, nunca se sabe con Aurel, ¡los celos podrían ser más fuertes que su fobia!
Aurélie: - Nat, yo te lo prohíbo.
Nathalie: - Qué pasa, estoy llena de telas de araña, bien merezco una ducha.
Aurélie: - ¡Stéph, sujétame la escalera!
Nathalie: - Venga, relájate... Entonces, ¿a ti también te apetece una ducha para tres?
Aurélie: - Nat, para... Stéph, deja de dejarte acariciar y sujétame la escalera... Ya está bien... Nat para.
Nathalie: - Me gusta acariciar tus piernas, baja otro barrote...
Aurélie: - Realmente quieres que me rompa la cara.
Nathalie: - No te preocupes, te cogeremos en brazos, y te llevaremos inmediatamente bajo la ducha.
Aurélie: - Para Nat.
Nathalie: - No puedo hacer nada, como has bajado un barrote, estás justo a la altura... Y todavía un...
Aurélie: -Pero Stéph, impídeselo.
Stéphane: - ¿Qué habéis hecho ahí arriba para estar en este estado?
Aurélie: - ¡Ah, no, Nat!..
Nathalie: - Entre hermanas, se permite una cierta ternura...

Telón

Acto 3

Idem acto 1 (excepto al televisión), Stéphane lee, echado en el sofá... Entra... Nathalie !... Lleva en la mano derecha una carta (desde que abre la puerta, Stéphane se gira, la mira enamorado).

Escena 1

Nathalie: - ¡Gloria a la administración fiscal que ha cambiado nuestra vida!
Stéphane: - Pero ahora que su vida no ha sido completamente inútil, ¡que nos deje en paz!
Nathalie: - ¡No seas impaciente! *(Nathalie rasga el sobre, saca la letra rápidamente, la lee del mismo modo, y la tira al aire precipitándose sobre Stéphane que se levanta).* Ningún cargo ha sido mantenido contra usted... Mi Amor.

Se abrazan.

Nathalie, *sonríe y se separa de Stéphane*: - Sabes como soy...
Stéphane: - ¡Casi!
Nathalie: - Pensaba que nos dejarían tranquilos, era una buena señal.. Y en caso contrario iba a ser...
Stéphane, *sonríe*: - ¿Ibas a ser?
Nathalie: - ¡Una puta!
Stéphane: - ¡Oh!
Nathalie: - ¡Eso no es todo!... Si nos dejan tranquilos, es una buena señal... Y podríamos tener un hijo este año.
Stéphane: - Crees que nuestro ritmo de vida es compatible con un niño.

Nathalie: - Cuando estemos muy ocupados, su madrina estará encantada de cuidarlo.
Stéphane: - Su madrina... ¿Qué quieres decir?
Nathalie: - Bueno, si, Aurel... Voy a llamarla para anunciarle... Anunciarle... Sí, ¡Todavía no te había confesado todo! Como tardaban en escribirnos, significaba que todo estaba bien... Entonces me he anticipado a la buena nueva... Dejé la píldora hace siete semanas.
Stéphane: - ¿Tú?
Nathalie: - Hace algún tiempo que hacer el amor en la bañera, no era por obligación.
Stéphane: - Sabes bien que mezclo los días y las semanas. Quieres decir... (*pone su mano sobre el vientre de Nathalie*)
Nathalie: - Vamos a tener un bebé.

Stéphane abraza a Nathalie.

Nathalie: - No crees que exageras... ¡Me apresuro para resumirlo antes que tú!
Stéphane: - ¿Crees que Aurélie estará encantada? ¿Estará de acuerdo en ser su madrina?
Nathalie: - Es mi hermanita. Y la conozco mejor que tú... Sabes... Debe esperar mi llamada. Me va a preguntar que me pasa después de tanto tiempo, dónde me he medido para dejarla sin noticias.
Stéphane: - Bueno, quiero pensar que ya no te detestará pero...
Nathalie: - Y tu, ¿qué quieres decir?
Stéphane: - Bueno, sí, estaría bien que la madrina de nuestro hijo no me muerda en cuanto me vea...
Nathalie: - ¡Al contrario!..
Stéphane: - ¿Al contrario?..

Nathalie: - O más bien, eso puede pasar.
Stéphane: - ¡Qué me muerda!
Nathalie: - Eso es lo que me molesta... Pero no tengo elección... Ella puede dejarte tiernas mordeduras...
Stéphane: - ¡Oh!
Nathalie: - Bueno, sí, le robé a su chico. En nuestra lengua, eso hace 2-1
Stéphane: - ¡Que pasa con vuestro marcador futbolístico!
Nathalie: - ¡Entonces Aurel nunca te lo ha contado!
Stéphane: - ¡Entonces no era la primera vez!
Nathalie: - La primera vez, no fue nada comparable con nosotros, era sólo para reír. Y al final, se alegró de que la librase de él... Pero desde que he salido con otro tío, no ha necesitado más de ocho días para empatar. Entonces, sé que incluso si para ella como para mi eso no tiene nada que ver...
Stéphane: - Más bien creo que me detesta.
Nathalie: - Sé que te quiere.
Stéphane: - Ya te lo he dicho.
Nathalie: - Lo sé... Y Aurel también... Pero eso no cambia nada, va a tratar de recuperarte.
Stéphane: - ¡Oh! Crees que podría...
Nathalie: - ¡Quién podría resistirse à Aurel cuando quiere algo!
Stéphane: - ¡Quién podría resistirse à Aurel cuando quiere algo! Eso es lo que había concluido.. Ante de enviarme este tortazo que todavía siento (*se toca la mejilla*) ¿No confías en mí?
Nathalie: - ¡Oh, sí!
Stéphane: - ¿Entonces? ¡Además vamos a tener un bebé!
Nathalie: - ¡Va a intentar ser tu amante!

Stéphane: - ¡Oh!
Nathalie: - El día que deberemos dejar de hacer el amor.
Stéphane: - ¡Oh!
Nathalie: - Tiene varias soluciones.
Stéphane: - ¡Ya has pensado en todo eso!
Nathalie: - No olvides que además de ser la mayor pintora del... Iba a decir del país... Bueno, de la región de Quercy, un día yo seré autor de teatro.
Stéphane: - ¡Entonces Aurélie tenía razón en eso! ¡Somos tus cobayas!
Nathalie: - Pero yo también soy mi propia cobaya. Y todo el mundo haría bien en hacer lo mismo, utilizar sus vivencias para transcenderlas en arte. Es la única manera de salvarlas de la nada.
Stéphane: - Realmente eres la última seguidora de Proust.
Nathalie, *recita*: - La verdadera vida, la vida finalmente descubierta y esclarecida, por consiguiente la única vida realmente vivida, es la literatura.
Stéphane: - Y si he comprendido bien, en cinco minutos llamas a Aurélie...
Nathalie: - ¡Y en una hora desembarca aquí!
Stéphane: - ¡Y llegará con un humor infernal para tratar de empatar en vuestro gran juego!
Nathalie: - Va más lejos que eso.
Stéphane: - ¿Es decir?
Nathalie: - Todavía te quiere.
Stéphane: - Ahí exageras.
Nathalie: - Ya veremos... Pero...

Escena 2

Los mismos

Nathalie, *va al teléfono*: - No puedo hacer otra cosa en vez de llamarla... ¿Prefieres que no la llame?

Stéphane: - Quizás sí.

Nathalie: - Pero es imposible. Creo que se está volviendo insoportable tanto para ella como para mí el no vernos... Y como te quiero... Incluso estoy dispuesta a comprender que un día se convierta en tu amante.

Stéphane: - ¡Oh!

Nathalie: - Estaré al tanto. Lo adivinaré. Pero... Al final, ya veremos... De todas maneras no olvidaré que soy yo la que ha hecho volver así a mi... competencia.

Stéphane: - O entonces, ¡quieres probarte que nunca empatará!

Nathalie, *sonriendo*: - ¡Entonces, ahora, señor chanchullero aficionado intenta descifrarme!.. Bueno, llamo...

Nathalie descuelga el auricular, teclea los nueve números... y espera.

Nathalie: - ¡Aurel!

Nathalie: - ¿Cómo sé qué?

Nathalie: - ¿Qué te pasa?

Nathalie: - ¡Oh, vaya! ¡Podrías haber llamado!

Nathalie: - ¿Y qué vas a hacer?

Nathalie: - ¡Qué! ¡En la calle! ¡Nunca!

Nathalie: - Vas a venir aquí hasta encontrar algo.

Nathalie: - Pero si Stéph está de acuerdo.

Nathalie, *a Stéphane*: - Su teléfono será cortado mañana, estará en la calle el lunes, no tiene un céntimo, expulsada de la Renta básica, y no puede venir aquí algunos días. ¡Osa decir que tu nunca querrás! Toma, dice él.

Stéphane coge el aparato.

Stéphane: - Aurélie…

Stéphane: - Me tomas por un gran lobo malvado… Además Nathalie tenía algo importante que decirte.

Stéphane: - También te invito algunos días...

Stéphane: - Nathalie te lo va a decir.

Stéphane vuelve a dar el aparato a Nathalie.

Nathalie: - Estoy embarazada.

Nathalie: - ¿Sigues ahí?

Nathalie: - ¿Quieres ser la madrina de los pasteles?

Nathalie: - Vamos a buscarte...

Nathalie: - Estás segura... Bueno, hasta ahora...

Nathalie cuelga.

Nathalie: - Llega haciendo auto-stop ¡Sólo lleva una bolsa de deporte! (*silencio*) ¡Picasso! ¡Nunca habría creído que pudiese caer así! ¡Picasso! ¡Expulsada incluso de la Renta Básica! ¡Te quiere tanto como yo te quiero!

Stéphane: - Y pensar que durante años he vivido sólo, pensando que ninguna mujer podría soportar esta vida de escritor seguramente un poco demasiado lúcida, de hombre de campo, ni siquiera millonario americano.

Nathalie: - ¿Tu corazón ya está dividido?

Stéphane, *va hacia Nathalie, la toma en sus brazos*: - ¿Es una verdadera pregunta o es sólo... por si un día haces una obra de teatro?

Nathalie: - ¡Pero eso, estoy sobrepasada! Nunca habría podido imaginar que un día invitaría a la antigua novia del hombre que amo a venir a compartir con nosotros unos pocos metros cuadrados. ¡Incluso si esta antigua amiga es mi hermana adorada! ¿Crees que nuestra pareja puede resistir a un ciclón así?

Stéphane: - Aurélie te llamaba a menudo Nat el ciclón.

Nathalie: - Las hermanas ciclón. Ciclotímicas también.

Stéphane: - ¡Entonces mi futuro es ser naufrago!

Escena 3

Los mismos y Aurélie.

Llaman a la puerta.

Nathalie: - ¡Ya!...

Stéphane: - ¡No es posible!

Aurélie aparece en la ventana Nathalie va a abrir; las dos se abrazan.

Nathalie: - ¿Cómo has hecho para llegar tan rápido?

Aurélie: - ¿Adivina con quién me he encontrado en la rotonda? - Not... ¡Vuestro vecino! Pero no he dicho nada para...

Aurélie pone una mano sobre el vientre de su hermana.

Nathalie: - Es demasiado pronto para escucharlo.

Aurélie se gira hacia Stéphane.

Aurélie, *cuya voz tiembla ligeramente*: - Buenos días señor. (*sonríe*) Buenos días, Stéphane.

Stéphane: - Buenos días, Aurélie.

Nathalie les mira, interrogativa. Aurélie se gira hacia ella:

Aurélie: - ¿Lo habéis hecho a posta o has olvidado tu píldora?

Nathalie, *herida*: - Nunca he jugado a la ruleta rusa con mi vida ... (*pausadamente:*) ¿Nos cuentas tus aventuras?

Aurélie: - Aurélie, treinta años y pico, sin domicilio fijo, sin ilusión, sin pasión, sin presente, sin futuro, actitud punk total, tendencia Cioran.

Nathalie: - ¿Y tus cuadros, tu caballete?
Aurélie: - He dudado entre el monte de piedad y... Lo he roto todo. No soy pintora, sólo hay un artista por generación en la familia... Yo he heredado de madre y tu de padre... Soy una perdedora, paranoica, mal karma, desequilibrada, heredera de las taras acumuladas por generaciones de borrachos, esquizofrénicos, histéricos... Bueno, te prevengo, cero nivel moral, estos días...
Nathalie: - Tengo lo que necesitas...

Nathalie va al al cocina y vuelve con una botella de vino rosado y tres copas. Las pone sobre la mesa y sirve. Durante su ausencia, Aurélie et Stéphane no osan hablarse, desvían los ojos y se lanzan algunas miradas...

Nathalie: - Venga...

Aurélie et Stéphane se acercan a la mesa.

Aurélie: - Tiradme a una casa de acogida o bajo un puente. Seguramente eso sería mejor.
Nathalie: - No digas tonterías... Venga, por tu gran papel de madrina de los pasteles...

Beben de pie. Nathalie et Stéphane beben un sorbo. Nathalie vacía su vaso de un trago. Nathalie le sirve otro inmediatamente Vaciado de nuevo de un trago.

Aurélie: - Agarrarme una tajada y dormir, quizás sea lo mejor que puedo hacer... Supongo que realmente no habréis tenido tiempo de hacer obras... Dormiré en el sofá.

Aurélie vacía un tercer vaso.

Aurélie: - ¿Tenéis stock?

Nathalie: - Stéph me ha enseñado sobre reclamaciones, es mi primer éxito vitícola de chanchullera aficionada: cuatro cajas recibidas ayer por la mañana.

Telón

Acto 4

Stéphane, Nathalie, Aurélie

Más o menos un año más tarde. Decorado idéntico al acto anterior. Stéphane en el sofá. Deja su libro. Y piensa en voz alta, sonriendo:

Stéphane: - ¡Un control fiscal! ¡Nunca habría creído que un control fiscal transformaría tanto mi vida!

Entra Nathalie.

Nathalie: - ¡Además, ahora hablas solo!
Stéphane: - Pensaba en lo que nos acaba de pasar... (*sonriente*) Es verdad, finalmente, ¡Quizás deberíamos hacer una obra de teatro de nuestra vida!
Nathalie, *muestra una carta:* - ¡Y hay una continuación!
Stéphane: - Quizás se haya decidido a comprarme un libro.
Nathalie: - Espera a esta noche antes de abrirlo (*se acerca muy mimosa*)
Stéphane: - ¡Pero abrela!
Nathalie, *abre, se pone blanca, se agarra al sofá:* - ¡Oh mierda!
Stéphane: - ¿Qué?
Nathalie, *lee con una voz mecánica*: - Resulta tras una encuesta vecinal y varias escuchas telefónicas, dos puntos y seguido, guión, las hermanas Kelly, oficialmente albergadas de manera gratuita, son sus concubinas y perciben indebidamente la Renta Básica así como el subsidio para progenitores únicos para los hijo, los que todos los indicios concuerdan para atribuirle la paternidad.

En consecuencia, y tras con la Junta, nos reservamos el derecho de interponer una denuncia ante el Tribunal de Primera Instancia de Cahors por extorsión de las ayudas sociales indebidas y poligamia contraria a la legislación, esto en caso de que no regularice su expediente en treinta días mediante el reembolso de las sumas percibidas de más, es decir

Nathalie se desmaya.

Stéphane, salta y grita: - ¡Aurélie!

Stéphane trata de reanimar a Nathalie, Aurélie llega.

Aurélie: - No me digas que Nat se ha desmayado... ¡No es posible!

Stéphane recoge la carta y se la da, al mismo tiempo que trata de reanimar a Nathalie con gestos desordenados.

Stéphane, *enloquecido*: - Más bien ayúdame, leerás más tarde.

Aurélie, *sonriendo*: Intenta el boca a boca, estoy segura de que le va a encantar.

Stéphane, *la mira*: - ¡Y eso te hace gracia!

Aurélie: - Ven, vamos ha hacer el amor, nos ocuparemos de su caso más tarde.

Stéphane: - ¿Qué te pasa?

Aurélie: - Venga, ¡qué! Puesto que Nat está desmayada, ¡puedo intentarlo!

Stéphane: - Para, es grave, no reacciona (*Stéphane sigue sacudiéndola*).

Aurélie se agacha y... golpea ligeramente a su hermana... que no reacciona. La pellizca. Ninguna reacción.

Aurélie: - ¡Mierda! ¿No me habré equivocado mucho, no?
Stéphane: - ¿Equivocado?
Aurélie: - Esta carta, es una carta de Nathalie.
Stéphane: - No es posible. No comprendo porqué habría hecho esto. Ayúdame, en vez de decir cualquier cosa... ¿No hiciste socorrismo?
Aurélie: - ¡Cuatro horas! Y hace dos minutos, habría puesto mis senos a cortar. ¡Ni siquiera reacciona cuando la pellizco!... ¡Lo tengo!
Stéphane: - ¿Qué?
Aurélie: - ¡Lo tengo! Las cosquillas en los pies.

Nathalie se levanta empujando a Stéphane todavía agitado cerca de ella.

Nathalie, *riendo*: - No, ¡cosquillas, no!
Aurélie: - Nat, puedes dárselas de Stéph... Pero no a tu gran hermana adorada.
Nathalie: - ¿En qué me he equivocado?
Aurélie: - ¡En nada!
Nathalie: - ¿Entonces?
Aurélie: - ¡Sabía bien que un día de divertirías con eso!
Stéphane: - ¡Y creéis que un tío puede sobrevivir con dos mujeres y dos niños!

Se oye llorar a un niño.

Aurélie: - Estoy segura de que has sido el grito "las cosquillas no! el que le ha despertado. Vamos Stéph... ¡ES una de tus chicas!

Stéphane sale

Aurélie: - Entonces, ¿por qué has jugado a esto?
Nathalie: - No conseguía encontrar un buen desenlace original para una obra de teatro.
Aurélie: - ¡Entonces, eso es lo que escribes!
Nathalie: - ¡Quería daros la sorpresa!
Aurélie: - Para. no puedes escribir nuestra vida. Va a tener a todo el mundo detrás, el fisco, la Junta, las ligas nos acusarán de incitación a la poligamia, un ministro querrá excluirnos de la nacionalidad francesa, puesto que no tenemos la Legión de Honor para devolver y nuestras relaciones son ligeramente...
Nathalie: - ¡Qué ligeramente! ¡Entre adultos que consienten! ¿Dónde está el problema? Y además, pinto desde hace quince años y he vendido un cuadro, incluso, porque el viejo artista esperaba entender una noche! Entonces cobraremos la pensión mínima antes de que sea representada, esta obra.
Aurélie: - ¿Y crees que sería un buen desenlace, tu tirada sobre el medio ambiente de nuestro combate contra una sociedad enconsertada y acultural?
Nathalie: - Un buen desenlace... Algo de lo que todo el mundo se acordará...
Aurélie: - ¿Tienes una idea mejor?

Nathalie sonríe, da una bofetada a su hermana.

Nathalie: - Uno para todas

Telón - Fin.

Pueblo, iglesia de San Miguel, por Henri Feur, 1899.

Aviso legal

Todos los derechos de traducción, reproducción, utilización, interpretación y adaptación están reservados para todos los países, todos los planetas y todos los universos.
Web Oficial : http://www.ecrivain.pro
Obra Original : *Deux sœurs et un contrôle fiscal*.

Si desea representar alguna de estas obras, contáctenos a través de nuestra página web:
http://www.ecrivain.es

Stéphane Ternoise: **Dos hermanas y un control fiscal**.
Traducción: María del Carmen Pulido Cortijo.

ISBN 978-2-36541-629-0
EAN 9782365416290
Publicación: 12 de enero 2015.

Dépôt légal à la publication au format numérique du 12 janvier 2015.

© Jean-Luc PETIT - BP 17 - 46800 Montcuq France

www.ingramcontent.com/pod-product-compliance
Lightning Source LLC
Chambersburg PA
CBHW061342040426
42444CB00011B/3049